이런 수학동화는 처음이야 ❶

대장 수 뽑기 대소동

> 이 책을 쓰면서

진짜 수학은 생각하는 공간에서 시작됩니다.

　　사물인터넷, 인공지능, 코딩, 그리고 챗GPT 등의 등장으로 시대가 빠르게 변화하면서 수학의 중요성이 더욱 높아지고 있습니다. 이러한 시대의 변화에 필요한 수학의 역량도 진화하고 있습니다.
기본적인 계산 능력은 물론, 수해력을 뒷받침할 수적 개념의 이해가 더 중요해지고 있는 것이지요.

　　수학 학습을 공식을 이용해 답을 도출하는 문제 풀이 방식으로 시험만 잘 보면 된다고 생각할 수도 있겠지요. 그러나 새로운 시대가 시작된 지금, 머지않아 수학 교육도 변화해 나갈 것입니다.
즉, 미래가 요구하는 수학 능력을 배양하는 학습법이 필요합니다.

　　모든 지식은 단순히 배운 만큼 축적되지 않습니다. 지식을 축적하기 위해서는 생각하는 공간이 필요합니다. 자신의 방식으로 해석되지 못하고 기계적으로 쌓인 지식은 시간이 지나면 점점 사라지게 됩니다. 자기만의 생각하는 공간에서 배운 것이 이해되고 숙성되어야 잠재력이 자라게 되고, 이 잠재력이 본질적 수학 실력의 바탕이 됩니다.

그렇다면 자기만의 생각하는 공간은 어떻게 만들 수 있을까요?
바로 흥미를 갖게 하는 것입니다. 초등교육에 가장 중요한 요소 중 하나지요. 단순한 계산을 넘어 수학의 호기심과 흥미를 갖게 되면 스스로 생각하게 되고 점차 수학적으로 사고하는 진짜 수학을 하게 됩니다.

이 책은 아이들이 흥미를 가질 수 있도록 수의 개념을 이야기로 접근하였습니다. 그리고 0과 1~9까지의 수의 의미를 다방면으로 생각해 볼 수 있도록 구성하였습니다.
0에 의외의 상황을 설정하여 이야기의 흡입력을 높여 자릿수의 개념을 자연스럽게 생각해 볼 수 있도록 하였습니다.
또한 수를 단지 쓰거나 세는 것에 그치지 않고 수의 의미를 사회적, 수학적으로 생각해 볼 수 있도록 이야기를 구성하였습니다.
이 책을 통해서 아이들이 수학에 흥미를 갖고 자신만의 생각하는 공간을 갖게 되어 수학적 사고를 할 수 있는 미래형 인재로 성장하기를 바랍니다.

최영기(서울대학교 수학교육과 교수)

> 이 책을 쓰면서

수는 정말 쉬운 걸까요?

아이들이 어릴 때부터 암기하듯 세는 수!
아이들은 정말 수를 이해하고 세는 걸까요?
초등학교 저학년을 가르치다 보면, 가끔 아이들이 수를 이해하고 있는지 의문이 들곤 합니다.
초등학교 2학년이 되면 세 자릿수, 네 자릿수가 등장하면서 수를 어려워하기 시작합니다. 특히 중간에 0이 들어간 세 자릿수, 네 자릿수를 어떻게 쓸지 몰라서 헤매는 경우를 종종 봅니다. 또 받아올림, 받아내림을 공부하게 되면 더욱더 어려워합니다.
이는 자릿수에 대한 이해가 부족하기 때문입니다. 그래서 '어떻게 하면 아이들이 자릿수를 잘 이해할 수 있을까?'라는 고민이 있었습니다.
최영기 교수님과의 대화를 통해 수를 잘 알기 위해서는 수의 체계에 대한 교육이 중요하다는 것을 알게 되었고, 수의 체계에 대한 교육은 0의 이해에서부터 출발해야 한다는 것을 알게 되었습니다.

아이들에게 0이 '아무것도 없음', '수의 자리가 비어 있음'을 나타내는 것을 가르치면서 아이들이 수의 체계를 좀 더 쉽게 이해하는 것을 볼 수 있었습니다.

이 책은 수를 이해하는데 기본이 되는 0에 대하여 아이들의 눈높이에 맞춰 쓴 동화입니다. 또 남들과 다른 자신을 인정하고, 자신과 타인의 소중함을 알아가기를 바라는 마음으로 쓴 동화입니다.
이 책이 아이들의 생각하는 공간을 넓혀 줄 수 있기를 희망합니다.

김선자(초등학교 교사)

"애들아, 같이 시소 타자."

"좋아, 좋아."

이쪽으로 쿵! 저쪽으로 쿵! 시소가 아래로 내려 땅에 닿을 때마다 수들은 까르르 웃으며 즐거워했어요.

어떤 수들은 차례대로 미끄럼틀을 타고, 어떤 수들은 옹기종기 모여 모래놀이를 하고 있었어요.

그때 8이 소리쳤어요.

"얘들아, 우리 끼리끼리 모이기 놀이 하자."

1에서부터 9까지의 수가 모두 모였어요. 그런데 무슨일인지 0은 놀이를 하러 가지 않고 표정도 어두워졌어요.

"5보다 작은 수 모여라." 라고 5가 소리치자 1, 2, 3, 4가 잽싸게 손을 잡고 뱅글뱅글 돌며 춤을 추었어요.

이번엔 "7보다 큰 수 모여라." 라고 5가 소리치자 8과 9가 서로 얼싸안았어요.

1, 2, 3, 4, 5, 6, 7, 8, 9는 모여서 즐겁게 놀고 있었지만 0은 구석에 앉아서 혼자 모래만 파고 있었어요.

한참 후, 끼리끼리 모이기 놀이가 시들해지자, 누군가
"이제 우리 두 팀으로 나누어서 줄다리기할까?"
라고 말했어요.
"좋아, 좋아! 그러려면 심판이 있어야 될 텐데……"
"그럼 우리 중 대장을 뽑아 심판을 시키면 어떨까?"
"대장이라고? 대장은 우리 0, 1, 2, 3, 4, 5, 6, 7, 8, 9 중에 가장 최고인 수가 되어야 하지 않을까?"
"최고인 수?"

시끄럽게 떠들던 수들이 일제히 조용해졌어요. 모두들 '정말 누가 최고지?'라는 생각이 머릿속에서 맴돌았기 때문이지요. 그동안 한 번도 누가 최고인지 생각해 보지 않았거든요.

'누가 최고일까?'
'내가 아닐까?'

수들은 하나같이 '최고의 수는 누가 뭐라 해도 나야'라고 생각했어요. 분명 사람들도 자신을 최고의 수로 여길거라 생각하며 각자 대장이 될거라고 확신했어요. 그래서인지 아무도 자기가 아닌 다른 수가 최고라고 말하지 않았어요. 오히려 다른 친구들이 자기를 최고의 수라고 말해주기를 기다렸지요.

그때 1이 자신있게 나서며 말하기 시작했어요.

"나 1이 최고의 수라고 생각해. 나의 또 다른 이름은 '하나'야. 나는 강아지 한 마리, 참외 한 개. 어떤 것을 셀 때 시작하는 수야. 그리고 세상에 뭔가가 단 하나만 있을 때도 1을 쓰지. 그뿐아니라 으뜸, 최고를 말할 때도 1을 써. 그러니 내가 당연히 최고의 수야!"

자기 자랑만 늘어놓는 1의 말을 들은 다른 수들은 입을 삐쭉 내밀었어요.

다른 수들도 1에게 질세라 최고가 되고 싶은 마음을 숨기지 않고, 앞다투어 자기 자랑을 시작했어요.

2가 뒤이어서 말했어요.

"2가 얼마나 많이 쓰이는 줄 아니? 둘이 모여 부부도 되고, 둘이 있어야 짝도 만들고, 둘이 모여야 한쌍도 되고, 젓가락은 둘이 있어야 음식을 집을 수 있고……. 모든 것은 나 때문에 짝이 생겨서 외롭지 않아. 그러니 분명 내가 최고야!"

그러자 3도 참지 않고 말했어요.

"너희들은 삼세번이라는 말도 모르니? 나는 용기를 주는 수야. 실패했을 때 '삼세번!'이라고 하잖아. 사람들은 나를 보면서 희망을 생각한다고. 그러니 분명 사람들은 나 3을 최고의 수라고 생각하는 거야."

더 이상 기다릴 수 없었던 4가 불쑥 나서며 말했어요.

"생각해 봐!"

"봄, 여름, 가을, 겨울 계절도 넷. 동, 서, 남, 북 방향도 넷. 나 4를 통해 사람들은 시간이 어떻게 흐르는지, 어떤 방향으로 가고 있는지 알 수 있다고. 그러니 사람들은 나에게 고마워하며 나를 최고로 여길 거야."

그때 누군가 불쑥 말했어요.

"어떤 곳에서는 4가 죽음을 뜻하는 사(死)와 발음이 같아서 싫어해. 아파트나 건물의 층수를 표현할 때 4를 쓰는 것을 꺼리기도 한다고. 그러니 4가 최고일 리 없어."

그러자 다른 수들이 큭큭 웃었어요.

기분이 나빠진 4는 다른 수들을 노려보았어요.

5가 점잖은 척 어른 목소리를 흉내 내어 말했어요.
　"아이들에게 수를 가르칠 때 무엇을 사용하지? 다섯 개인 손가락! 나는 아이들이 수를 배울 때 도움을 주는 기본이 되는 수야. 또 하늘에 반짝이는 별을 봐! 저 높이 떠 있는 별! 그 별을 그릴 때 어떻게 그리지? 5개의 뾰족한 부분으로 그리지? 그것만 보아도 사람들은 나를 가장 높고 가치가 있다고 여기는 거야."

잠시 생각한 뒤, 5가 덧붙여서 말했어요.

"그리고 나를 중심으로 왼쪽에는 1, 2, 3, 4. 오른쪽에는 6, 7, 8, 9가 있잖아. 나는 너희들의 중심이 되는 수라고."

"너무해. 너희들은 나를 아예 없는 수로 여기는구나?"

뒤에서 아주 조그만 소리로 0이 말했어요.

5는 0에게 미안한 마음이 들어서 더 이상 말을 할 수 없었어요.

하지만 6은 0의 말에는 아랑곳하지 않고 앞으로 나가 큰 소리로 말했어요.

"내가 완벽한 구조에 사용되는 수인 걸 너희들은 모르니? 벌도 육각형 모양으로 집을 짓잖아! 가장 완벽한 구조인 육각형으로 집을 지어야 튼튼하기 때문이지. 그리고 주사위도 6개의 면으로 되어 있잖아."

이번에는 7이 자신만만한 표정으로 말했어요.

"나는 행운의 수 7이야! 사람들은 나를 무척 좋아해! 일주일도 7일, 무지개도 7가지 색깔. 사람들은 아름답고 좋은 것에 7을 쓰잖아. 무엇보다 나는 행운을 불러오는 수라고. 그러니 내가 최고야!"

이에 질세라 이번에는 8이 나섰어요.

"7전 8기라는 말 알지? 7번 넘어져도 8번째는 일어난다는 뜻이지. 그만큼 나는 끈기 있고, 무엇이든 포기하지 않고 해내는 수라고. 사람들은 나에게서 용기를 얻고 교훈을 얻어. 그래서 나를 무엇보다 소중한 수로 생각해."

마지막으로 남은 9가 목에 힘을 주며 이야기했어요.

"우리 중 가장 큰 수는 누구지? 나, 9야! 말하자면 내가 너희들의 형인 셈이지. 나보다 더 큰 수 있으면 나와 봐! 없지? 그러니 내가 최고이고, 내가 대장이 될 자격이 있다고!"

수들은 서로 다른 수의 말은 듣지도 않고, 각자 자기가 최고의 수이니 대장이 되어야 한다고 떠들었어요. 자기 자랑만 하던 수들은 하나둘씩 마음이 무거워지기 시작했어요. 그사이 0은 살며시 일어나 아무도 모르게 어디론가 걸어 갔어요.

마음이 무거워진 수들은 줄다리기를 하고 싶은 마음이 싹 사라졌어요. 이때 8이 말했어요.

"얘들아, 잠깐! 우리 자기 자랑 그만하자. 우리는 모두 친구인데 괜한 일로 싸우고 있는 것 같아. 굳이 대장을 뽑지 않아도 되지 않을까? 우리 모두가 최고라고 생각하면서 지내면 되잖아."

8의 말을 들어보니, 다른 수들도 자기 자랑만 늘어놓은 것이 부끄러워졌어요.

"맞아, 우리는 함께 있기 때문에 수도 세고 많은 일을 할 수 있는 거야. 우리 중 하나만 빠져도 정확하게 세는 것을 할 수가 없잖아."

"그래. 우리는 모두가 특별하고 소중해."

수들은 서로 자기가 최고라 우겼던 것을 사과하며 한목소리로 "미안해! 사랑해!"라고 말했어요.

줄다리기 심판은 서로 번갈아 하기로 하고 다시 사이좋게 놀았어요.

한참이 지나서야 수들은 0이 사라졌다는 것을 알게 되었어요.

"0은 어디 갔지?"

누군가 말했어요.

"상관없어. 어차피 0은 아무 것도 셀 수도 없는 수인걸! 0은 없어도 괜찮아."

이 이야기를 들은 수들은 '0이 아무것도 셀 수 없다면, 0도 수라고 할 수 있나?'라는 생각이 스멀스멀 피어오르기 시작했어요.

다른 수들이 자기 자랑을 하는 동안 몰래 빠져나온 0은 고개를 떨구고 터벅터벅 걸었어요.

"나는 왜 태어난 걸까?"

아무것도 셀 수도, 자랑할 것도 없는 쓸모없는 수라는 생각에 0은 수 마을을 떠나고 싶어졌어요. 그러니 더 서글퍼졌어요.

구름 언덕에 올라 다정한 구름 할아버지에게 속상한 마음을 이야기하고 싶었지만, 그날따라 햇빛이 쨍쨍 내리쬐서인지 구름 할아버지도 보이지 않았어요.

0은 속이 상해서 엉엉 소리내어 울었어요. 한참을 울다가 마음을 다잡고 곰곰이 생각했어요.

'이대로 울고 있을 수만 없어. 나도 다른 수들처럼 뭔가를 세고 싶어. 그래야 나도 내가 최고라고 말할 거리가 생길 거야.'

그때 번쩍 0의 머리를 스치는 생각이 있었어요.

'다른 숫자들과 비슷한 모양으로 변신하면 어떨까? 그럼 나도 뭔가를 셀 수 있지 않을까? 맞아! 바로 그거야. 변신!'

0은 이제야 기분이 좋아졌어요.

마음을 가다듬은 0은 고민 끝에 허리를 끈으로 힘껏 졸라매어 8로 변신했어요.

'됐어! 나도 이제 8이 된 거야.'

0은 8을 찾아갔어요. 그리고 말했지요.

"8아, 나도 이제 너와 같아."

8은 허리를 졸라맨 0을 보고는 눈이 휘둥그레졌어요.

"너는 8이 아니야. 억지로 묶은 끈이 다 보이는걸. 허리를 묶었다고 0이 8이 될 수는 없어."

8이 손사레를 치며 말했어요.

이번에 0은 왼쪽을 위로 높이 늘려서 6으로 변신하고 6을 찾아갔어요. 한눈에 0의 변신을 알아챈 6이 안타까워하며 말했어요.

"모습이 비슷하다고 6이 될 수 없어. 너는 그냥 0이야."

그래도 0은 포기할 수 없었어요. 수 친구들처럼 자기도 뭔가를 셀 수 있는 수가 되고 싶다는 소망이 간절했거든요.

　0은 포기하지 않고 더욱더 정성 들여서 오른쪽을 아래로 늘렸어요.

　'지난번보다 더 멋지게 늘어났어.'

　0의 눈에는 완벽한 9처럼 보였어요.

　'분명히 친구들 눈에도 9로 보일 거야!'

　이번에는 9도 0인 것을 알아차리지 못할 만큼 완벽해 보였어요.

9로 변신한 0은 자신있게 수 친구들이 놀고 있는 놀이터로 갔어요.

한창 술래잡기 놀이를 하고 있던 수들은 변신한 0을 보고 말했어요.

"9야, 얼른 와. 우리 술래잡기 같이하자."

9로 변신한 0은 신나서 수 친구들에게 뛰어갔어요.

9로 변신한 0이 수 친구들과 한참 놀고 있을 때, 강아지들을 데리고 어미 개가 다가왔어요. 예쁜 강아지를 본 수들은 어미 개 주변으로 모여들었어요. 수들은 강아지들이 너무 귀여워서 한 마디씩 했어요.

"어쩌면 이렇게 예뻐요? 저도 강아지랑 살고 싶어요."

어미 개가 수들에게 부탁했어요.

"강아지들이 많아서 몇 마리인지 도통 알 수가 없네. 너희들이 세어서 알려 줄래? 모두 몇 마리인지 알면 우리 강아지들이 다 있는지 없는지 알 수 있을 거 같아."

수들은 신이 나 대답했어요.

"그럼요. 우리가 강아지가 몇 마리인지 세어 줄게요. 강아지들을 한 줄로 세워 주세요."

1이 앞으로 나가며 하나, 2가 앞으로 나가며 둘, 그다음 3, ……. 신이 난 수들은 차례대로 강아지들 옆에 섰어요.

어리둥절

얼~ 깜짝 헉! "0"이잖아~ 와~

미안해. 나 0이야.

마침내 9로 변신한 0의 차례가 되었어요.

잔뜩 긴장한 0이 '아홉'이라고 말하며 앞으로 나가는 순간, 다리에 힘이 풀리면서 다시 0이 되어 버렸어요.

"미안해. 나는 0이야. 나도 뭔가를 셀 수 있는 수가 되고 싶었어. 그래서 내 모습을 바꿨던 거야."

당황스럽고 창피하기도 한 0이 울면서 도망쳤어요. 어리둥절해진 수들과 어미 개는 어찌 된 영문인지 몰라 멀뚱멀뚱 서로를 바라만 보았어요.

0은 울면서 언덕으로 도망갔어요.

'나는 정말 바보 같아. 다른 수가 되려고 친구들에게 거짓말까지 했으니…….'

울고 있는 0에게 구름 할아버지께서 다가오셨어요.

눈물을 흘리며 0이 말했어요.

"할아버지. 저는 쓸모없는 수예요. 다른 수 친구들은 모두 셀 수도 있고, 자랑할 것도 많은데 저만 셀 수도 없고, 자랑할 것도 없어서 속상하고 창피해요. 저는 이런 제가 싫어요!"

구름 할아버지는 0의 마음을 알고 있다는 듯 아무말 없이 한참 동안 지그시 바라만 보셨어요.

한참 후, 구름 할아버지께서 말씀하셨어요.

"0아, 네 안에는 무한한 가능성이 있단다. 네가 얼마나 대단한 수이고 얼마나 많은 일을 할 수 있는지 머지않아 너도 알게 될 거란다."

"아무것도 셀 수 없는데 무슨 가능성이 있어요?"

0은 믿기지 않는다는 듯이 계속 훌쩍이면서 말했어요.

"네가 어떤 수인지 제대로 알게 된다면 분명 네 자신을 자랑스러워할 거란다."

0은 믿기 힘들었지만, 지혜로운 구름 할아버지께서 말씀하셨으니 어쩌면 그런 일이 진짜로 생길지 모른다고 생각했어요. 0은 울음을 그치고 할아버지께 여쭈어 보았어요.

"구름 할아버지, 그 말이 무슨 뜻이에요?"

구름 할아버지는 나중에 깨달을 날이 있을 거라며 미소를 지으시며 사랑스럽게 0을 바라보셨어요.

0은 구름 할아버지의 말씀이 무슨 뜻인지 몰랐지만, 기분이 나아졌어요. 그리고 하루빨리 구름 할아버지의 말씀이 무슨 뜻인지 알게 되면 좋겠다고 생각했어요.

며칠 후, 0, 1, 2, 3, 4, 5, 6, 7, 8, 9가 살고 있는 수 마을에 꿀벌 우체부 아저씨가 오셨어요. 꿀벌 우체부 아저씨의 가방에는 수들에게 줄 편지와 소포가 가득했어요. 편지와 소포를 기다리던 수들이 꿀벌 우체부 아저씨 주변으로 모여들었어요.

"1아, 기다리던 편지가 왔구나."

"2에게는 소포가 왔네."

"자, 이건 3에게 온 편지구나."

다음 소포를 꺼내던 꿀벌 우체부 아저씨가 고개를 갸우뚱하셨어요.

"이건 누구한테 온 거지?"

소포의 주소란에는 '10'이라는 것이 쓰여 있었는데, 그건 꿀벌 우체부 아저씨도 처음 보는 거였거든요.

사실 이 소포는 나비가 6에게 보낸 것이었어요. 예쁜 걸 좋아하는 나비가 주소란에 꽃잎으로 정성들여 6을 만들어 붙였던 거예요. 그런데 이동 중에 6의 동그라미 부분이 옆으로 밀리면서 '10' 모양이 된 것이었지요.

"어? 어찌 된 일이지? 우리 마을에 이런 수는 없는데……."

꿀벌 우체부 아저씨는 당황하셨어요.

"얘들아, 이게 뭔지 아니?"

꿀벌 우체부 아저씨가 수들에게 물었어요.

수들도 처음 보는 '10'이 무엇인지 몰라 고개를 갸우뚱했어요.

1이 먼저 말했어요.

"1과 0이 쓰여 있지만 0은 아무것도 없는 거나 마찬가지이니, 저한테 온 것 같아요."

1의 말에 꿀벌 우체부 아저씨는 갸우뚱하셨어요.

그때 2가 말했어요.

"1과 0, 두 개의 숫자로 되어 있으니 분명히 2인 저한테 온 것 같아요."

1과 2의 말을 들은 5가 차분한 목소리로 말했어요.

"1과 10은 생김새가 달라. 그러니 10은 1과는 다른 것 같아. 그리고 2라면 두 개의 숫자로 쓸 필요가 없이 그냥 2라고 쓰면 되니까 2의 것도 아닌 것 같아."

5의 말이 맞는다고 생각한 9가 말했어요.

"그럼 10도 수인가?"

9의 물음에 아무도 대답하지 못했어요.

결국, 소포의 주인을 찾지 못한 꿀벌 우체부 아저씨는 일단 우체국에서 맡아 놓겠다고 하시고는 수 마을을 떠나셨어요.

이 광경을 보고 있던 0은 생각했어요.

'10이 혹시 구름 할아버지가 말씀하신 나중에 알게 될 거라던 그 비밀일까? 나와 관련이 있는 걸까?'

0은 가슴이 두근거렸지만 다른 수들에게 말하지는 않았어요.

0부터 9까지의 수가 이제껏 한 번도 보지 못한 '10'.

'10도 수일까? 수라면 이름은 뭘까? 우리보다 큰 수일까?'

수들은 궁금해서 참을 수가 없었어요.

"얘들아, 우리 구름 할아버지께 여쭤보는 게 어때?"

"그래, 그게 좋겠다."

5의 말을 듣고 다같이 구름 할아버지를 찾아서 구름 동산으로 갔어요.

"할아버지, '10' 이렇게 생긴 것을 보았는데 이것도 우리처럼 수인가요? 수라면 몇이에요?"

7이 구름 할아버지께 여쭈어 보았어요.

7의 말이 끝나자, 며칠 전 구름 할아버지께서 말씀하신 것이 떠오른 0이 말했어요.

"할아버지, 10이 전에 저에게 말씀하셨던 비밀과 관련이 있나요?"

"그렇단다."

"그럼 '10'이라는 수에 있는 0도 저처럼 '영'이라고 읽나요? 그러니까 일 영~"

"허허허. 그건 아니란다."

일 영이 아니라니, 0은 실망해서 얼굴이 찡그러졌어요. 0의 마음을 알아챈 구름 할아버지께서 이어서 말씀하셨어요.

"10은 0이 있어서 생겨난 수란다. 물론 그렇다고 해서 '일 영'이라고 부르는 건 아니야. 10은 새로운 수란다. 그것은 '십'이라고 부르지."

수들은 모두 놀라 말했어요.

"십?"

그동안 수는 9까지 밖에 없다고 생각한 수들은 깜짝 놀랐어요. 게다가 그 새로운 수를 만드는 데에 0의 역할이 크다니 더 놀랄 수밖에 없었어요.

구름 할아버지는 더 자세히 설명해 주셨어요.

"애들아, 10은 너희들 한 자릿수와는 단위가 다른, 너희보다 높은 자리의 수란다. 그래서 10은 보이는 대로 '일 영'이라 부르지 않아. 너희들과는 다른 자리의 수야."

"네? 다른 자리의 수요?"

수 친구들이 눈이 동그래져서 묻자 구름 할아버지는 대답 대신 0을 바라보셨어요.

그러자 10에 0이 들어가 있다는 것에 흥분한 0이 말했어요.

"그럼 10은 우리보다 큰 수인가요?"

할아버지는 이야기를 이어가셨어요.

"10은 아홉 다음의 수인 '열'이고, '십'이라고 읽지. 10이 생기고 나서는 더 많은 것들을 셀 수 있게 되었고 너희들 외에도 많은 수를 만들 수 있게 되었어. 너희들이 상상도 못하는 큰 수들 말이야. 그런데 그거 아니? 아까도 얘기했지만 그 큰 수들을 만드는 데 중요한 역할을 하는 것이 바로 0이란다."

너희들이 상상도 못하는 그 큰 수들을 만드는 데 중요한 역할을 한 것이 바로 0이란다.

"저라고요? 어떻게 그런 일이 가능하지요?"

깜짝 놀란 0이 말했어요.

"그냥 0, 너 혼자 있을 때는 '없다'는 뜻이지만 1 옆에 붙으면 0은 아무것도 없다는 뜻이 아니라 '자리가 비어 있다'는 것을 말하는 거야. 비어 있는 자리, 그 자리에 다른 수들이 와서 앉으면 한 차원 높은 수가 되는 거지. 가령 11(열하나), 12(열둘), 13(열셋)이 되면서 더 많은 것을 셀 수 있게 되는 거란다. 2 옆에 0이 붙으면 20. 빈자리를 뜻하는 0 대신에 다른 수들이 0의 자리에 앉으면 21(스물하나), 22(스물둘), 23(스물셋)……. 이렇게 많은 큰 수들을 만들어 낼 수 있단다."

"그게 정말이에요? 할아버지 말씀대로라면 0이 없다면 우리는 1에서 9까지만 알았겠네요?"

"그래. 0은 너희들이 끝없이 자랄 수 있도록 도와 주는 친구이지. 만약 0이 없었다면 너희 1에서 9는 단지 하나에서 아홉까지만 표현할 수 있었을 거란다."

구름 할아버지의 말씀을 주의 깊게 듣고 있던 0과 다른 수들은 어리둥절했어요.

'내가 1에서 9를 다른 단계로 이끌 수 있고 나 때문에 다른 수들이 엄청나게 큰 수도 될 수 있다고? 이제껏 나는 내가 아무것도 아니라고 생각했었는데……. 나한테 그런 능력이 있다고?'

0은 믿을 수 없었지만, 가슴이 벅차올랐어요. 다른 수들도 깜짝 놀라서 서로 쳐다만 보았어요.

"진짜로 그런 일들이 가능한지 한번 해 볼까? 1과 0이 붙어 보렴." 구름 할아버지께서 말씀하셨어요.

0이 1의 왼쪽으로 붙었어요.

"01 이렇게요?"

"아니, 0이 오른쪽에 서야지."

할아버지가 말씀하셨어요.

"10 이렇게요?"

"응, 그것을 바로 '십'이라고 읽고, '열'을 나타낸단다."

나머지 수들이 앞다투어 0과 함께 숫자를 만들어 보았어요. 20, 30, 40, 50, 60, 70, 80, 90.

"너희들 오른쪽에 0이 붙으면 십, 이십, 삼십, 사십, 오십, 육십, 칠십, 팔십, 구십. 새로운 이름을 갖게 되는 수가 탄생하게 되는 거지."

구름 할아버지께서 말씀하셨어요.

"0이 우리를 예전보다 더 큰 수로 만들어 주었어."

"와! 정말 우리가 혼자 있을 때보다 큰 수가 되네."

수들은 서로서로 손잡고 빙글빙글 돌며 춤을 추었어요.

"얘들아!"

구름 할아버지의 소리가 들리자 수들은 춤을 멈추었어요.

"그래 그렇게 0이 너희와 함께하면 큰 수가 만들어지는 거야. 이제 알았지? 0의 도움이 없이는 절대로 너희들은 더 커질 수가 없단다."

구름 할아버지께서 말씀하셨어요.

그동안 0을 무시하고 잘난 체했던 수들은 0에게 미안하기도 하고 부끄럽기도 했어요.

"미안해. 0아, 그것도 모르고 네가 아무것도 셀 수 없다고 너를 무시했었어."

수들은 0에게 진심으로 사과했어요. 그러자 0은 부끄럽다는 듯 수줍어하며 말했어요.

"너희들이 없으면 나는 아무것도 아니야. 너희들과 함께 있을 때 나는 빛이 나."

서로에게 소중한 존재임을 깨달은 0과 1, 2, 3, 4, 5, 6, 7, 8, 9는 너무나 기뻐하며 함께 수 마을을 향해 힘차게 달려갔어요. 구름 할아버지는 멀어져 가는 수들을 보며 "허허" 웃으셨어요.

이제 0과 수 친구들은 서로 잘났다고 싸우지도 무시하지도 않고 사이좋게 놀이터에서 놀았어요.

갑자기 1이 소리쳤어요.

"얘들아, 하늘 좀 봐!"

구름 할아버지께서 '100'이라는 것을 하늘에 써 놓으셨어요.

10부터 99까지를 이해하게 된 수들은 서로를 쳐다보며 말했어요.

"저건 어떤 수이지? 10하고는 또 다른 수잖아?"

하늘에서 구름 할아버지는 흐뭇한 미소를 띠고 계셨어요.

수는 어떻게 쓰일까요?

동화의 내용 중에 다음과 같은 부분이 있어요.

> 어미 개가 수들에게 부탁했어요.
> "우리 강아지들이 많아서 몇 마리인지 도통 알 수가 없네. 너희들이 세어서 알려 줄래? 모두 몇 마리인지 알면 우리 강아지들이 다 있는지 없는지 알 수 있을 거 같아."

이때 수는 세는 데 쓰여요.
그럼, 세는 데 쓰는 경우를 더 알아볼까요?

> "운동장에 놀고 있는 친구들은 모두 8명이에요."
> "사자는 4개의 다리를, 오리는 2개의 다리를 가지고 있습니다."
> "저는 연필을 3자루 가지고 있어요."

이처럼 수는 사물의 개수를 셀 때 사용해요.

그럼, 다음 동화에서 수는 어떻게 쓰인 걸까요?

> 꿀벌 우체부 아저씨의 가방에는 수들에게 줄 편지와 소포가 가득했어요. 편지와 소포를 기다리던 수들이 꿀벌 우체부 아저씨 주변으로 모여들었어요.
> "1아, 기다리던 편지가 왔구나."
> "2에게는 소포가 왔네."
> "자, 이건 3에게 온 편지구나."
> 다음 소포를 꺼내며 꿀벌 우체부 아저씨가 고개를 갸우뚱하셨어요.
> "이건 누구한테 온 거지?"

소포의 주소란에는 '10'이라는 것이 쓰여 있었는데, 그건 꿀벌 우체부 아저씨도 처음 보는 거였거든요.

이때의 수는 위치를 나타내고 있어요.
편지와 소포가 각각 누구에게 온 건지 알 수 있지요.
수가 위치를 나타내는 경우를 더 알아볼까요?
"우리 집은 ○○아파트 101동 302호이야"
"소아과 병원은 그 건물 3층에 있어요."

다음 동화에 나온 수는 어떻게 쓰인 걸까요?

마지막에 남은 9가 목에 힘을 주며 이야기했어요.
"우리 중 가장 큰 수는 누구지? 나, 9야! 말하자면 내가 너희들의 형인 셈이지. 나보다 더 큰 수 있으면 나와 봐! 없지? 그러니 내가 최고이고, 내가 대장이 될 자격이 있다고!"

수는 많고 적음, 크고 작음을 비교할 때도 쓰여요.
또 어떤 경우가 있을까요?
"오리는 2개의 다리를, 사자는 4개의 다리를 가지고 있어요. 그러니까 오리보다 사자의 다리 수가 더 많습니다."
"과자는 500원이고, 빵은 800원이니까 빵이 더 비싸네요."
"사과는 300g이고, 배는 500g이니, 배가 더 무겁네요"

수는 우리 주변에서 이미 많이 사용되고 있어요.
여러분 주변에서 수가 어디에 어떻게 사용되고 있는지 한번 찾아보세요.

가장 위대한 발견, 0

0의 개념은 수학사에서 너무도 중요한 아이디어예요. 그뿐만아니라 0의 발견은 인류 역사상 가장 위대한 발견으로 언급되기도 합니다. 이 동화는 어린이들에게 0의 위대하고 심오한 개념을 접하게 하여 어린이들 마음에 파장을 일으켜 수학적 사고의 폭을 넓히고 본질적인 수학 능력을 향상하게 시키는 것을 목적으로 합니다.

지금 우리가 쓰고 있는 아라비아 숫자 22,222를 한글과 한자로 표시하면 다음과 같아요.

22,222

이만이천이백이십이

二萬二千二白二十二

왜 한글, 한자로 22,222를

이이이이이

二二二二二

와 같이 간단히 쓰지 않을까요?

아라비아 숫자는

0, 1, 2, 3, 4, 5, 6, 7, 8, 9

10개의 숫자만 있으면 모든 수를 표현할 수 있습니다.

그러나 아라비아 숫자를 제외한 문자로 수를 나타내려면 만, 천, 백, 십과 같이 단위를 나타내는 기호를 함께 써야 합니다. 그래서 아라비아 숫자와 같이 간단하게 표기할 수가 없는 것이지요.

왜 아라비아 숫자만 수를 간단하게 나타내는 것이 가능할까요?
그 이유는 바로 인류의 위대한 발견인 0의 역할 때문입니다.

학교 수학 이야기를 해 보겠습니다.

어린이들은 2+7=9가 되는 것은 쉽게 이해 하지만, 2+9=11을 이해하는 것은 힘들어 합니다. 나무 블록 2개와 7개를 더한 아홉을 9로 표현하는 것은 자연스럽습니다. 하지만 나무 블록 2개와 9개를 더한 열하나를 11로 표현한다는 것은 나무 블록 2개가 열한 개를 의미하는 것과 같아서, 자연스럽지게 받아들이지 못합니다.

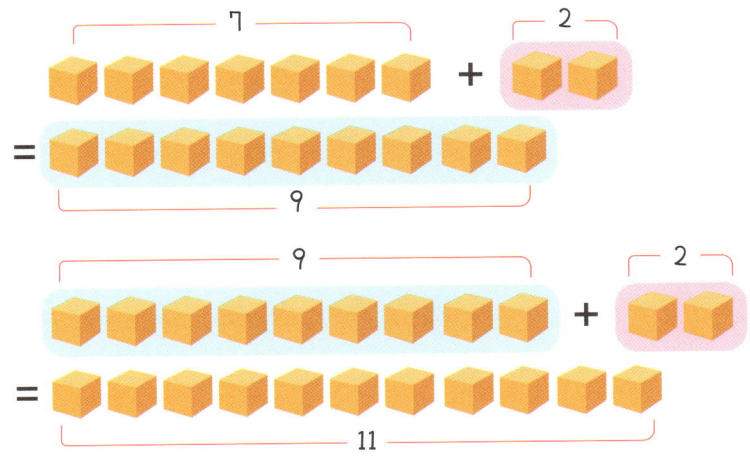

이를 이해하기 위해서는 반드시 자릿수라는 개념이 필요합니다.

숫자 11은 직관적으로 보면 1이 두 개인 2(둘)를 뜻하는 수로 읽을 수밖에 없습니다. 만약 자릿수라는 생각이 없다면 말이죠.

한자에서
一은 1(하나)을 뜻하고,
二는 一이 두 개이니 2(둘)를,
三은 一이 세 개이니 3(셋)을 뜻합니다.

로마자에서도
I는 1(하나)을 뜻하고,
II는 I이 두 개이니 2(둘)를,
III은 I이 세 개이니 3(셋)을 뜻합니다.

숫자 11가 열하나인 의미를 알기 위해서는 첫 번째 숫자 1은 열을 나타내고, 두 번째 숫자 1은 하나를 나타내는 것인 자릿수의 개념이 필요합니다.

즉 같은 숫자 1이라도 1이 놓인 위치(자릿수)에 따라 '열'을 나타내기도 하고 '하나'를 나타내기도 한다는 것을 알아야하는 것이죠.

그것을 가능하게 하는 것이 0입니다.

0, 1, 2, 3, 4, 5, 6, 7, 8, 9 은 한 자릿수이고, 1 옆에 0을 써서 10은 두 자릿수이고 한 자릿수보다 두 자릿수가 크다고 정하면 10은 9 다음의 수가 됩니다.

즉 9가 아홉을 나타내는 숫자이므로, 10은 열을 나타내는 숫자가 됩니다.

0은 '없음'을 뜻이기도 하고 '비어있다'는 의미도 있습니다.
10에서의 0은 빈자리를 뜻하고, 이 빈자리 0의 자리에
1을 넣은 11은 열하나를,
2를 넣은 12는 열둘을 나타내게 되는 것입니다.

같은 방법으로 1이 다른 위치(자릿수)에 놓이게 되면 놓인 자릿수에 따라

100은 백,
1000은 천,
10000은 만,
…

의미하게 됩니다.

0의 발견으로 인해

$$0, 1, 2, 3, 4, 5, 6, 7, 8, 9$$

의 숫자만 있으면 숫자끼리의 조합을 통해 어떤 수라도 표현할 수 있는 놀랍고도 간편한 십진법의 수 세계가 열리게 된 것입니다.

고대 로마 시대에서는 어떠했을까요?

로마자에서 자릿수라는 개념이 없으므로, 1은 I로, 5는 V로, 10은 X로, 50은 L로, 100은 C로, 500은 D로, 1000은 M으로 나타냅니다. 그 당시에는 0이라는 수가 존재하지 않았기 때문입니다. 3867와 675을 로마자로 각각 쓰면 MMMDCCCLXVII (3867), DCLXXV(675)입니다.

3867×675를 로마 숫자로 써볼까요?

| 3867 | MMMDCCCLXVII |
| × 675 | × DCLXXV |

보시는 바와 같이 로마 숫자를 이용한 계산은 복잡하고 난해해서, 답을 구하기가 어렵습니다.

0의 발견은 자릿수의 개념을 낳았고, 이를 통해 사칙연산으로 큰 수의 계산이 가능하게 되었습니다. 이처럼 0의 발견은 인류의 수학적 발전을 급속하게 진전시킨 혁명적 사건이자 위대한 발견입니다. 이러한 0의 특성을 알고 학생들이 수에 대해 접근한다면 더욱 넓은 시야로 수를 볼 수 있는 길이 열리지 않을까요?

이런 수학동화는 처음이야 ❶
대장 수 뽑기 대소동

글 최영기 김선자
그림 영수

1판 1쇄 발행 2023년 10월 25일
1판 2쇄 발행 2024년 6월 12일

펴낸이 김영곤 **펴낸곳** ㈜북이십일 을파소
키즈사업본부장 김수경
에듀1팀 김지혜 김현정 김지수 권정화
키즈마케팅 정세림
아동마케팅영업본부장 변유경
아동마케팅 김영남 손용우 최윤아 송혜수
아동영업 강경남 김규희 최유성
e-커머스 장철용 전연우 황성진 양슬기
편집외주 꿈틀
디자인 design S

출판등록 2000년 5월 6일 제406-2003-061호
주소 (우 10881) 경기도 파주시 문발동 회동길 201
연락처 031-955-2100(대표) 031-955-2109(기획개발)
팩스 031-955-2122 **홈페이지** www.book21.com

ⓒ 최영기, 김선자, 2023

ISBN 979-11-7117-167-5 74140
ISBN 979-11-7117-166-8(세트)

* 책값은 뒤표지에 있습니다.
* 이 책 내용의 일부 또는 전부를 재사용하려면 반드시 ㈜북이십일의 동의를 얻어야 합니다.
* 잘못 만들어진 책은 구입하신 서점에서 교환해 드립니다.

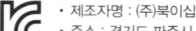

• 제조자명 : ㈜북이십일	• 제조연월 : 2024.06.12.
• 주소 : 경기도 파주시 회동길 201(문발동)	• 제조국명 : 대한민국
• 전화번호 : 031-955-2100	• 사용연령 : 3세 이상 어린이 제품